청년사업가
김대중

KB192267

인간 김대중을 보여주는 기회가 되기 바란다

2019년, 봄의 시작을 알리는 매화꽃이 흐드러지게 피어 있는 횡단보도 앞에서 김대중 대통령이 주인공인 웹툰을 제작해보는 게 어떻겠냐는 제안을 받았다. 나는 김대중 대통령의 인물 저작권이나 초상권 사용을 허락받기만 한다면 한번 해보겠다고 답변했다.

그리고 한참이 지나 기적처럼 김대중 대통령 기념 사업회에서 저작자 및 저작물 사용 허가서가 도착했다. 숨이 멎을 정도로 심장이 요동치기 시작했다. 대한민국의 대통령이자 노벨평화상 수상자인 김대중 대통령의 이야기를 웹툰으로 만들 수 있다는 것이 꿈만 같았다. 그러나 최선을 다해 만들겠다는 호기로운 내 의지는 이내 감당하기 힘든 두려움으로 변했다. 나를 아끼고 사랑하는 주변의 많은 사람이 걱정과 염려를 보내기 시작했다. 진보와 보수의 갈등과 반목이 첨예한 상황에서 자칫 정치적 이슈에 휘말리지 않을까 하는 걱정이 들기도 했다. 정치인으로서 김대중 대통령이 남긴 위대한 업적과 삶을 따라가는 웹툰을 만들면 사람들에게 김대중 대통령의 찬양가를 만들었다는 비난을 받을까 두려웠다.

수많은 고민과 논의 끝에 정치계에 입문하기 전, 김대중 대통령이 가장 순수했고 패기 넘쳤던 청년 시절 사업가 이야기를 다루기로 했다. 하지만 다시 현실적인 문제점들에 봉착했다. 스토리와 배경을 뒷받침할 고증이 난관으로 다가온 것이다. 무더운 여름, 자료 조사를 위해 수십 차례 목포를 방문했다. 그러나 김대중 대통령의 유년 시절부터 청년

시절에 관한 자료가 거의 남아 있지 않아서 스토리를 만들어내기가 어려웠다. 김대중 대통령이 청년이었던 일제강점기 목포의 배경 자료도 턱없이 부족했다. 자료 조사보다 더 힘들었던 것은 역사적 사실을 훼손하지 않고 만화가 가진 재미를 독자들에게 전달해야 한다는 것이었다.

이처럼 이 책이 만들어지기까지 모든 제작 단계마다 어려움이 따랐지만, 수많은 기관 관계자들, 외부 작가들, 그리고 스튜디오질풍의 제작진이 한마음 한뜻이 되어 열과 성을 다해 〈청년사업가 김대중〉 웹툰 제작을 도와주었다. 이렇게 1년 동안 최선을 다해 제작한 〈청년사업가 김대중〉이 정치인 김대중이 아닌 대중에게 알려지지 않은 한 인간 김대중을 보여주는 기회가 되기 바란다.

웹툰이 나올 수 있도록 물심양면으로 도움을 주신 광주정보문화산업진흥원 탁용석 원장님, 양균화 본부장님, 류진석 팀장님, 박현정 차석님, 국제평화영화제 염정호 위원장님, 박수영 작가님에게 심심한 감사의 말씀을 전한다.

주식회사 스튜디오질풍 대표이사 이호

청년사업가 김대중

3
길이 아니어도 좋다

글·그림 스튜디오질풍

GREEN HOUSE

부
우
웅

왁
자
지
껄

아! 회사에
있어야 하는데….

그게
얼마짜린데….

산 지 얼마 안 된
크림이란 말이야!

후다닥

팟

하아, 제발
있어야 하는데….

뒤적
뒤적

찾았다!

응…?

저건
복표잖아.

대중 씨….

제가 복표 한 장을 빼먹고 대중 씨한테 전달하지 않았어요.

그게 2원짜리 복표였어요.

그래서 금액이 맞지 않았던 거예요.

죄송해요….

하아….

젠장….

어!
과장님?

뭐 시키실
일이라도?

아, 아냐.

하던 일 봐.

아, 네.

?

갸웃

부장님

이건 아닌 것 같습니다.

이제 그만 하시죠.

!!

이봐!
지금 이대로 끝내면
우리 꼴이 뭐가 돼?

어차피 조선인 하나
나간다고 문제 될 거 없어.

더군다나 사장님이
안 계신 지금이
기회란 말이야.

부장님!

그게 중요한 게
아니잖습니까!!

전 그만두겠다는 겁니다.

나머지는 부장님께서 알아서 하십시오!

쓱

이봐!

그럼

먼저 들어가 보겠습니다.

뚜벅

뚜벅

부글

부글

끄응!

제길…. 인정할 수 없어.

두둥

조선놈 따위는….

뚜벅

뚜벅

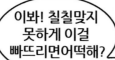

이봐! 칠칠맞지 못하게 이걸 빠뜨리면어떡해?

이것 한 장이 빠졌는데 맨날 계산해봤자 맞겠어?

벌떡

아!

까, 깜빡했습니다.

말이야, 어! 딱 하면 바로

아! 이게 빠졌구나,

라고 바로 짚었어야지 안 그래?

쫑알

쫑알

죄송합니다, 과장님.

제가 부족했습니다.

휘
이
이
잉

광주 양동시장 저잣거리

시끌

시끌

가요~, 가!

부우우웅

드르륵

이모~.

오늘 날도 추운디
따땃한 빈대떡이나
하나 해주쇼~.

아이고~, 너는
맨날 그것만 쳐묵냐?

안 질려야?

아따~,
이모님….

돈 모아야제~.
알믄서~.

아이고~,
그라믄
술을 끊어야제.

네?

아따~,
그건 섭하고~.

끄떡

끄떡

그라제~.

남진아….

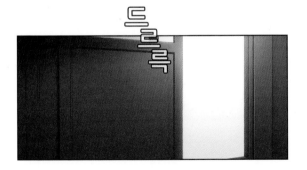

046
×
047

!

반가워라~!

나, 홍숙희라 하요.

아, 네···.

만나서
참 반갑소~.

그짝 야그는
이짝에게
많이 들었소.

덥
썩

전
김대중이라 합니다.

반, 반갑습니다.

050
×
051

우리 형편에 결혼식 올리긴 힘들고 일단 같이 살기로 혔다~.

우리 숙희가 서운하것지만 어쩌것냐?

뭐여? 말이 쪼까 틀린디?

잉?

뭐, 뭐가?

어이!
강남진~.

니 가네보 공장
엔간하믄
그만 댕겨야~.

?

아따~
너 또 그란다.

나두 조만간
알아볼라고 했당께.

니 거기 계속 다니싸문
나 니랑 안 산다!

알았어~.
알았어~.

뭐 일이여?
회사를 그만둔다니?

그놈들은 인두겁을 쓴 짐승놈들이지 사람이 아녀!

개자슥들…! 딸꾹.

사람도 아녀!

딸꾹

인자 그만 마셔~. 너무 많이 마셨어. 취혔어~.

이모!
야가 취해서 자는디
쪽방에서
잠깐만 재울게라.

잉, 그려.

미안허다.

이런 모습 보여서….

아녀~.

근디

아까 숙희 씨 말이 뭔 말이냐?

….

내가 알고 있는
것보다 더 심각한
것 같은디….

맞어….

지옥도 이런
생지옥이 없어야.

니가 이해혀~.

우리 숙희가
열받을 만하제.

지 친구들 죽게 한
공장인디….

그게 뭔 소리냐?

10년 전

고
오
오
오

철컹

철컹

철컹

철컹

가네보.

방직 공장에서는
소녀들이 주로
운전공을 맡아.

철컹

철컹

특히, 기계의 높이가
낮은 정방을 비롯해

조방과 직물 등의
생산 공정에는

어린 여공들이
투입돼서 일을 해.

숙희 친구들도 심상소학교를
졸업하자마자 13살의 나이에
가네보 공장에서 일하기 시작했어.

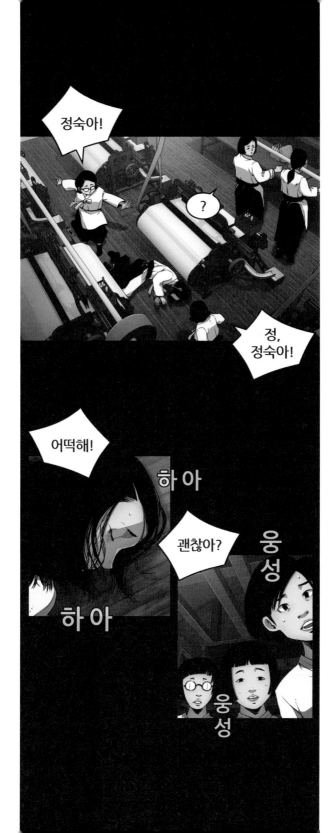

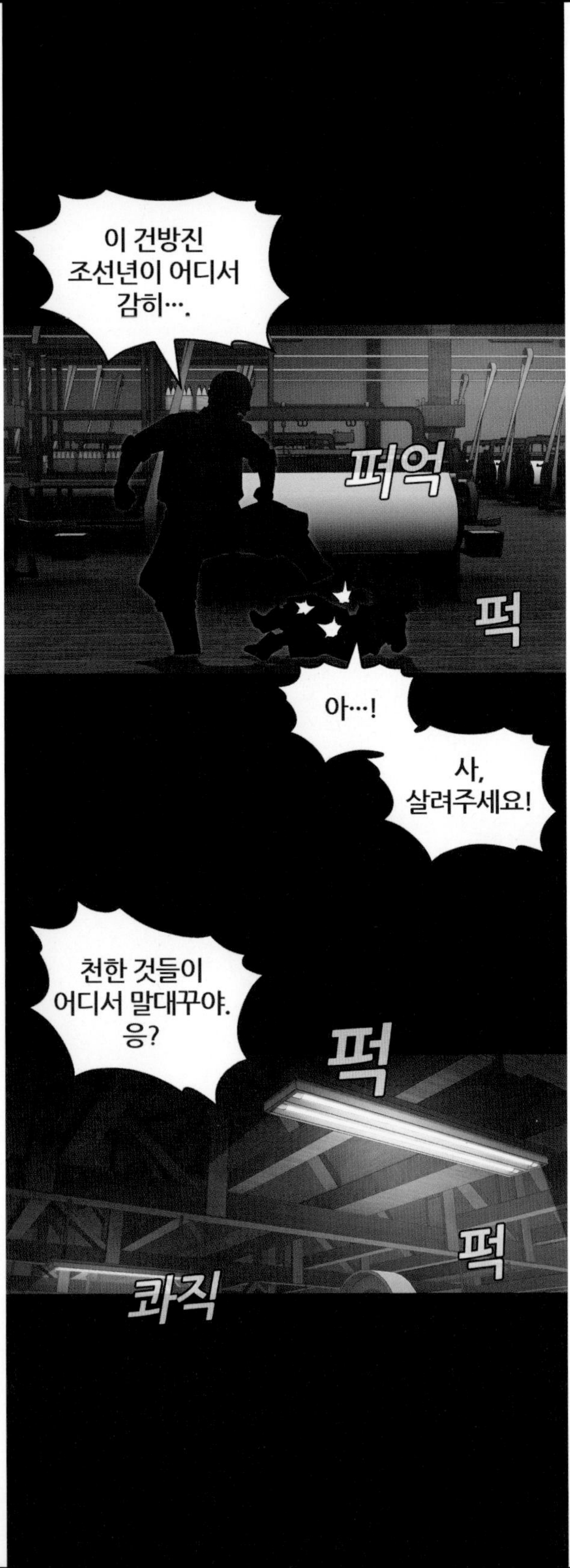

이 건방진
조선년이 어디서
감히….

퍼억

퍽

아…!

사,
살려주세요!

천한 것들이
어디서 말대꾸야.
응?

퍽

퍽

콰직

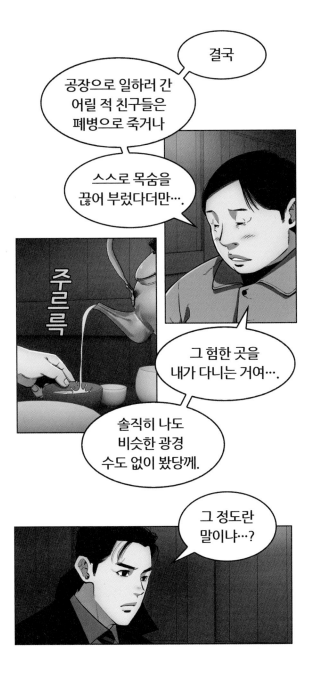

가네보(종연방직) 공장

철
컥

철
컥

쿵

왜 너희를 짐승
다루듯 하냐고?!

팟

짐승을 짐승처럼 다루는 게
뭐 잘못됐나? 크큭.

자~,
그럼…

네놈 같은 짐승은
어떻게 다뤄줄까?

크

크
크

또요?

아이고~.
이번 달만 벌써
몇 명째여?

정말 옆에서 보기
너무 짠하당께.

그 어린것들이
뭔 잘못이 있다고….

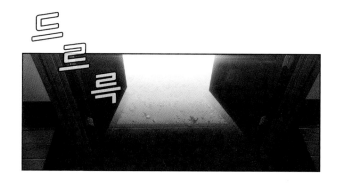

동상!
괜찮어?

정신 차려봐!

남진이 동상!

후
다
닥

힉!

얼굴이 이게 뭐여?
대체 누가!

왜 이렇게
소란들이야!

버르장머리 없는 놈
훈육 좀 시켜준 것 가지고.

척

끼끼
낄
낄

!!

어디서 감히 까불어?

병신같은 놈….

크크크큭.

저벅

저벅

….

와아

와글 와글

두둥

경시장님!
어서 진압 명령을
내리시지요~.

흐음...

그런데 말이야.

청년사업가 김대중

3

지금 같은 전쟁 시국에

군수물자 생산에 차질이
생겨서는 안 된다는
상부의 지시가 떨어졌어.

우리도 사람이다.

더 이상의
비인도적인 행위를…

와

중단하라!!

며칠만 자진 해산하도록
봉쇄 조치를 취하는 척하다가

와
아
아

띠
리
리
링

띠
리
링

네 전남기선입니다.
네?

김대중 대리님요?
잠시만요….

네!
김대중입니다.

아! 숙희 씨?
어쩐 일로… 네?

대중 씨!
우리 남진 씨 어떡해요….

이러다
남진 씨 죽게 생겼어요!!

네? 숙희 씨
대체 무슨 일이에요?

진정하고 차분하게
말해보세요.

갑자기
휴가는 왜?

집안에 무슨 일이라도
생긴 거야?

그, 그런 건
아닙니다.

....

그래도
휴가는 안 돼.

며칠간은
출장 처리를 해줄 테니
그동안 볼일 보도록 해.

과장님,
고맙습니다!

감사합니다!

와
아

와
아

와
아
아

와
아

와
아

뭔가 큰일 난 것
같은디….

저 봐. 헌병 경찰들이
죄다 총을 들고 있잖여~.

저러다가
뭔 사달이 나도 나것어.

착검!!

착검!!

철커덕

착검!!

철컥

두

둥

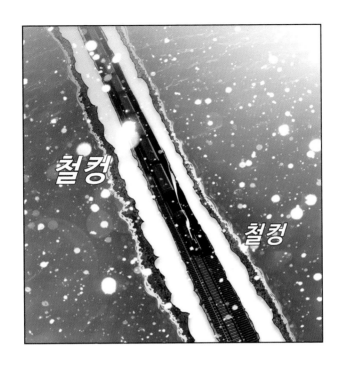

시끌

시끌

시간이 없어….

그렇게 쉬운
문제가 아냐.

은행 일이라면
얼마든지 자네 부탁을
들어줄 수 있지만

이건 내가
나서기 곤란한
상황이야.

내 자리에선
관계성을
무시할 수 없거든….

비겁합니다….

흠칫

!

제가 지점장님을
존경하고 따랐던 건

행동하는 양심이
있는 분이라
생각했기 때문입니다.

행동하는 양심?

말만 그럴싸할 뿐,
행동하지 않는 양심은
위선일 뿐입니다!

- 다음 날 아침 -

웅성

웅성

웅성

우르르

우르르

네, 알겠습니다!

처억~

스으-

안 그래도 바다 구경이나
할 겸 자네 보러 목포에
가려고 했는데 말이야~.

어쩐 일이야?

자네,
가네보 공장 알지?

가네보?

씨익

씨익

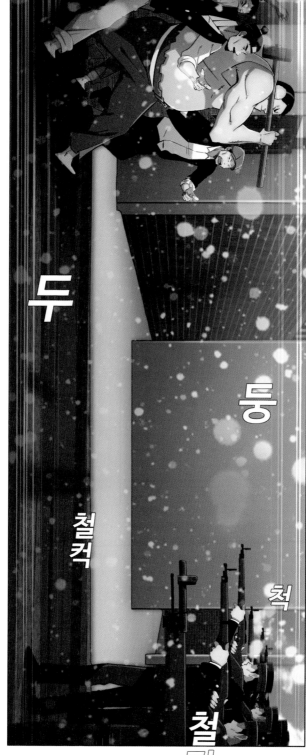

두

동

철컥

척

철
컥

파바바박

주춤

허억!

168
×
169

끄응….

이봐,
경찰대장!

부들

부들

가네보 사장님.

노동자들이
없는 공장에

자금을 빌려줄
은행은 어디에도
없습니다.

이번 일 원만히
해결해주세요.

가네보는 광주 이외에 영등포에도 공장이 있지 않나요?

그, 그렇지만….

제길….

내 가만두지
않을 거야.

절대로….

대중 씨!

끼익

덜컹

덜컹

우리의 봄날은
오지 않는구나….

1945년 8월 16일

웨에엥

웨엥

웨에에엥

짐은 제국 정부로 하여금
미·중·영·소 4개국에

치지직

치직

그 공동 선언을
수락한다는 뜻을
통고토록 하였다.

이거
거짓부렁 아녀?

아따~.
일왕이 라디오로
거짓말 하겠어라?

벌컥

아따~.

아무리 생각해봐도
대중이밖에 없지 않어?

우리 회사를 위기에서
구해준 것도 대중이잖여.

그라긴 해도 나이가
너무 어리지 않나?

21살밖에
안 되았는디….

위원장님!
큰일 나부렀당게요!

미 군정청

아니, 당신들이 무슨 권한으로 우리 회사의 관리권을 뺏는단 말이오?!

군정법령 2호
'재산 이전 금지법'에
의하면

일본인의 재산과 회사들은
모두 우리 미 군정청이
접수하여 관리하게
되어 있습니다.

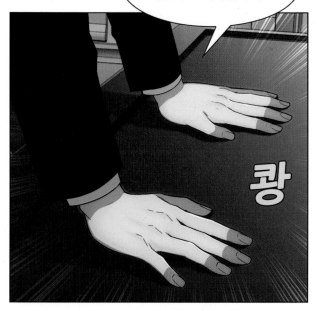

그렇지 않습니까,
대위님?

참말이랑께!

김대중이 미 군정청
가서 빼앗긴 회사를
되찾아왔당께!

짜안

하고 쏜다고 해도

김대중이 눈 하나
깜빡 안 했다고 하더구먼.

젊은 친구가
아무튼 대단혀~.

예사로운 놈은
아닌게벼~!

근디 대양조선공업
분들께서 왜 절
보자고 하신 건지….

김대중 위원장님!

네?!

저희 대양조선공업은 목포에서 제일 큰 조선소를 갖고 있습니다!!

그거야 저도 잘 알고 있는디….

저희 회사는 꽤 규모가 큰 편인데 그동안 모든 회사 운영을 일본인들이 해왔습니다.

그러다 보니 전무인 저나 여기 김 부장이나 말이 임원이지 회사 경영에 대해 제대로 아는 게 없습니다.

그래서 말인데…

김대중 위원장님이
저희 회사의
대표로 와주셨으면 합니다!

깜짝

네?!

아니, 제 주제에
무슨 대표를…, 허허.

가당치도 않아라~.

아닙니다!

김대중 위원장님이
거시기하다는 소문은
익히 들었당께요!

저 역시 거시기하다고
생각합니다.

이런 분이야말로 꼭
저희 회사의 대표가
되셔야 한다고 생각합니다.

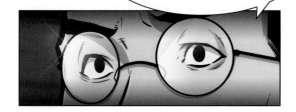

아, 하지만….

대양조선공업

어, 대표님!

이 배들이
할 일이 참 많습니다.

마지막까지 마무리
잘 부탁드립니다.

속

터벅

터벅

척

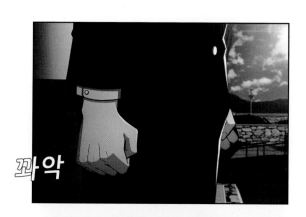

꽈악

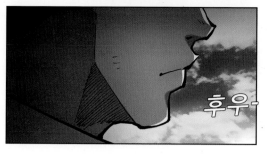

후우-

1947년

김대중은 대양조선공업 대표를
그만두고 창업하여
〈목포해운공사〉라는 회사를
설립한다.

대양조선공업 경영대표는
월급도 많이 주는데
뭐 할라고 나왔다요?

난 아무리 생각해도
이해가 안 된당께요.

창업하면 고생길이
훤할 텐데….

무슨 이유라도
있어 분가요?

그 이유…

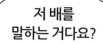
저 배를
말하는 거다요?

그냥 배가
아닙니다.

1947년 김대중은
50톤급 배 1척을 가진
청년사업가가 되었다.

청년사업가 김대중 3

초판 1쇄 인쇄 2020년 8월 10일
초판 1쇄 발행 2020년 8월 15일

지은이   스튜디오질풍
펴낸이   이혜숙
펴낸곳   (주)그린하우스

편집   허지혜
디자인   이승욱
제작   미래피앤피

등록   2019년 1월 1일(110111-6989086)
주소   강남구 강남대로62길 3, 8층
전화   02-6969-8955
팩스   02-556-8477

ISBN   979-11-90419-27-7 04990
         979-11-90419-24-6 (세트)

©   스튜디오질풍